N. QUELLIEN

Perrinaïc

UNE
COMPAGNE DE JEANNE DARC

PARIS

LIBRAIRIE FISCHBACHER

(SOCIÉTÉ ANONYME)

33, RUE DE SEINE, 33

1891

Perrinaïc

UNE COMPAGNE DE JEANNE DARC

DU MÊME AUTEUR

Annaïk, poésies bretonnes ; 1880.

Loin de Bretagne ; 1886.

Un Argot de Nomades en Basse-Bretagne ; 1886.

Chansons et Danses des Bretons (ouvrage couronné par l'Académie française) ; 1889.

La Bretagne Armoricaine ; 1890.

N. QUELLIEN

Perrinaïc

UNE
COMPAGNE DE JEANNE DARC

PARIS

LIBRAIRIE FISCHBACHER

(SOCIÉTÉ ANONYME)

33, RUE DE SEINE, 33

1891

AUX FEMMES DE BRETAGNE

Lorsqu'on sort de la Cornouaille, avant d'entrer au pays de Tréguier, de même que dans le Goëlo, on gravit des hauteurs, d'où la vue s'étend, sur la ligne de l'horizon, jusqu'à la mer bleuâtre. Là se sont éteintes les vagues harmonies des vallons ou des bois, et la mélancolie s'en va du cœur ; les fraîcheurs de la brise qui passe

dans le ciel, inspirent une soudaine éner-
gie ; l'antique héroïsme des Bretons qui
foulèrent le même sol aimé, revient alors
au souvenir.

C'est vers Gurunhuel, à quelques lieues
de Guingamp, ou sur le Ménez-Bré, qui
domine tout le val trécorrois, que Perrinaïc dut bien des fois écouter le chant des
voix aériennes. Ce qu'elle ouït sur ces
sommets, troublait son âme de prédesti-
née ; dans ce paysage austère elle se sen-
tait guérie de ses langueurs de jeune fille :
les sages disent que le cœur fait silence,
lorsqu'il croit, dans la solitude, entendre
Dieu. En ce temps-là, le nom de la Pucelle
frappait tous les échos : l'exemple de la
bonne Lorraine tenta la vaillante Bretonne.

Comme les fileuses de Bretagne invo-
quées par Du Guesclin, la petite Perrine

eût versé le meilleur de son aumône pour la rançon des prisonniers de guerre ; mais un rôle de douceur et de charité ne lui suffisait pas ; elle préféra celui des trois Jeannes, si glorieuses pendant la néfaste époque anglaise. Bien que les ardeurs du patriotisme soient une forme de l'amour, aux femmes convient d'ordinaire un dévouement plus discret. En Perrinaïc s'épanouit toute la vertu bretonne, alliance de grâce et de force, de courage et de tendresse : la chevalerie est bien issue d'une terre celtique. Renoncer aux délicatesses de l'amour, ce fut la grande abnégation de Perrinaïc ; elle ne dut pas sans doute réprimer à jamais tous les élans de son cœur, et sa fin ne fut pas sans les tristesses du regret, sans le regret d'abandonner une jeunesse qui n'avait pas fleuri !...

4

Les flammes du bûcher n'auront dévoré
que son corps périssable; sa gracieuse
image est du moins sortie des ombres de
l'oubli. Mais la cantilène que je murmure
à sa mémoire, si j'ose l'adresser à celles
qui sont dans ma pensée, les femmes de
Bretagne, daigneront-elles l'entendre?...

Un jour, elles élèveront peut-être quelque témoignage du souvenir à cette petite
Perrine sur les collines de Gurunhuel, d'où
elle aimait par les temps calmes écouter le
carillon des cloches à Guingamp. Qu'il n'y
ait, au jour de cette consécration, que des
femmes dans le cortége, des Bretonnes
portant les fleurs de la saison, primevères,
bouquets d'aubépine, branches d'ajonc ou
de genêt! — Quand vous irez à ce *pardon*,
jeunes filles de mon pays natal, exaucez
mon vœu, comme celui d'un éternel ab-

sent : devant la statue de Perrinaïc, sur le bord du chemin qui mène vers Tréguier, chantez quelques couplets du *gwerz* qui fut composé en l'honneur de notre héroïne, loin de Bretagne, dans la vieille langue de nos pères.

Paris, le 1ᵉʳ mai 1891.

UNE COMPAGNE

DE

JEANNE DARC

UNE COMPAGNE

DE

JEANNE DARC

C'était l'heure la plus sombre de notre histoire nationale. La guerre anglaise, déjà longue d'un siècle et coupée d'alternatives, tournait au profit définitif des envahisseurs. La France avait deux rois, l'un imposé par l'Angleterre triomphante, l'autre dépossédé par sa propre mère et refoulé au delà de la Loire. A l'héritier des rois légitimes manquait le signe traditionnel du sacre ; un grand trouble agitait les consciences populaires, et même la haine du nom *anglo-saxon* était impuissante à les diriger.

Les horreurs de la guerre étaient à leur comble ; toutes les fautes avaient été commises ; le pays semblait abandonné de Dieu et livré à toutes les folies humaines. La détresse durait, au point qu'elle paraissait comme un symptôme de la fatalité : ainsi que l'âme éperdue du peuple, la France flottait entre deux destinées.

Pas une province n'échappait à ces calamités. Quelque temps, l'habile versatilité du duc Jean V avait soustrait la Bretagne aux invasions; d'ailleurs, la milice des *bons corps* avait la garde des côtes. Mais les Anglais pénétrèrent de nouveau dans la péninsule armoricaine, qu'ils avaient tant de fois occupée, et leurs ravages soulevèrent les malédictions restées au cœur des Bretons depuis la fameuse « guerre de trente ans ».

Ils étaient les ennemis héréditaires; on les chargea de toutes les iniquités. De sinistres récits couraient sur leur compte par le pays. Des moines arrivaient dans les paroisses, et sur la place du bourg ils parlaient de croisade contre les Saxons (*ar Saozon*) devant une foule émue : à ce moment du quinzième siècle, la France dut peut-être le salut à ces prêcheurs qui soufflaient le patriotisme dans les provinces. Les bardes d'alors, mendiant de ferme en ferme, entonnaient à toutes les portes les complaintes chaque jour écloses sur la grande « pitié qu'il y avait au *Bro-Gall* » (le *kloarek* Kaerrymell composa même en vers latins des hymnes et des chansons). Et le soir, autour du foyer, après les prières de coutume, on récitait « l'oraison contre l'étranger », comme à l'époque encore récente de Chandos et de Du Guesclin.

Aux abords d'une ville-forte, dans une maison

isolée, demeuraient alors deux femmes [1], sur les confins de la route et d'un petit bois abritant une antique chapelle. La plus âgée était sans doute la fille d'un homme d'armes tué pendant la dernière incursion des Anglais; l'autre servait de compagne ou de suivante à l'orpheline, privée de sa mère dès l'âge tendre. Les deux Bretonnes passaient leur temps autour de l'oratoire consacré, à parer le vieil autel en pierre sculptée et à faire le bien en souvenir de leurs défunts.

Un jour, on ouït par le chemin un tumulte confus, le bruit d'une foule en marche, puis les éclats d'une voix dominant le murmure de cette multitude. Et la servante de s'écrier:

«Voyez, Perrinaïc! C'est un prédicateur qui vient; il est suivi de dix paroisses...»

Le missionnaire s'arrête sous la chapelle ancienne, et, un cantique chanté à genoux, il passe, entraînant vers la ville tout un peuple, qui gronde par moments une clameur: «Les damnés Saxons!..»

A partir de ce jour, Perrine a eu souvent la vision de ce moine et de cette foule enthousiaste; sans cesse elle va sur le seuil, explorant la route, inter-

[1] On ne sait rien sur l'enfance de Perrine; nulle part je n'ai retrouvé une trace bien authentique de son court passage sur la terre bretonne. Par quelques indices, j'ai pu croire que l'héroïque fille naquit dans la région circonvoisine du Goëlo, du pays trécorrois et de la Cornouaille; pour le reste, jusqu'à sa mission avec Jeanne Darc, il faut avoir recours à une sorte d'évocation.

rogeant le ciel que parcourent les nuées chargées de messages et d'intersignes.

Et voilà qu'on entend, une nuit de mai, les cloches sonner dans toutes les églises, non le tocsin, mais un carillon de fête, les cloches sonner toutes seules. Et le lendemain, des gens armés vont et viennent par la route; ils rejoignent le connétable de Richemont, et ils crient: « Orléans est sauvé! Les Anglais sont en fuite! Dieu est avec la Pucelle!.. » Et des éclairs traversent l'horizon, où l'héroïne d'Orléans entre les sillons de lumière apparaît à Perrinaïc...

Ce soir-là, les deux Bretonnes dirent adieu à la sainte de leur oratoire; puis elles partirent ensemble, suivant le même chemin que les hommes de Richemont, au secours de Jeanne.

*
* *

Les Armagnacs accomplissaient alors des prodiges. L'ennemi semblait avoir hâte de fuir: on l'eût dit effrayé d'apparitions, de même que Héliodore chassé du temple. Et les places ouvraient leurs portes, Beaugency après Jargeau; on arrivait à Troyes; on se hâtait vers Reims, pour le sacre du roi Charles. Ce fut une chevauchée triomphale.

Or, cette armée, grossie à chaque victoire et partout victorieuse, offre un surprenant spectacle. Ces soudards, naguère indisciplinés, maintenant écoutent dociles la voix d'une femme; Jeanne Darc a transformé ces Gascons et ces Bretons; de ces pillards elle a fait de pieux croisés, et souvent elle leur propose de les mener à Jérusalem après le sacre; à entendre leurs chants de guerre souvent doux et graves comme des hymnes liturgiques, on croirait à des troupes de pèlerins en marche. Et, de fait, cette Pucelle produit de telles œuvres, que les moins crédules ne doutent plus de sa mission.

L'héroïne a une escorte d'inspirées; trois femmes l'accompagnent et partagent son zèle, Catherine, venue de La Rochelle, Perrine de Bretagne et son amie. Un moine mendiant les suit, le frère Richard, leur confesseur.

Les prédications de ce cordelier venaient d'obtenir un succès immense aux Innocents et sur la montagne Sainte-Geneviève; nulle parole humaine, depuis Abélard, n'avait exercé un tel prestige sur le peuple assemblé : le frère Richard avait une âme de feu. Il devint suspect aux Anglais, et il dut, dans la nuit du 30 avril, s'enfuir de Paris; cette persécution lui valut la confiance des Armagnacs. Le missionnaire fit la rencontre de Catherine avant celle de Jeanne. A cette époque d'exaltation à la fois patriotique et religieuse, l'Esprit parlait dans tous les coins du ciel [1]; il faisait choix des êtres faibles pour

---

[1] «Dans ce prosaïque XVe siècle, l'excès des souffrances avait singulièrement exalté les esprits.... Dans l'espace de quelques années, avant et après la Pucelle, toutes les pro-

14

prêcher le courage : mais la pratique des choses humaines empêcha souvent ces élues d'aller de conserve.

C'est à Jargeau que Jeanne vit d'abord Cathe-rine. Elle hésitait à reconnaître la vocation de cette femme ; elle lui conseilla de retourner à La Ro-chelle, en son ménage, auprès de son mari et de ses enfants. Catherine s'appuyait sur ses propres visions. Ses « voix » ayant répondu à Jeanne que « du fait de Catherine ce n'était que folie et néant », la Pucelle souhaita d'entrevoir elle-même cette « dame blanche, vêtue d'un surcot d'or, qui appa-raissait à Catherine, toutes les nuits, et lui pres-crivait d'aller par les bonnes villes. » Elles se cou-chèrent donc dans le même lit ; Jeanne n'aperçut rien, et enfin s'endormit ; le matin, Catherine affirma que la « dame au surcot d'or » était apparue pen-dant le sommeil de sa compagne. Jeanne ensuite dormit dans la journée, afin de rester les yeux ouverts, la nuit durant ; mais l'apparition n'eut pas lieu à la veillée suivante... Malgré la méfiance de Jeanne, le frère Richard conseillait de mettre Ca-therine à l'œuvre. Plus tard, elle exerça son influence sur les diverses provinces, où elle entretenait une sorte de surveillance politique ; c'est ainsi que la ville de Tours, où les partisans de Jeanne étaient

vinces ont leurs inspirés. C'est une Pierrette bretonne qui converse avec Jésus-Christ.... » — (J. Michelet, *Histoire de France*).

nombreux, fut de la part de Catherine l'objet de certaine accusation devant le roi, et elle dut adresser à Charles VII une députation pour se justifier (août 1430).

Plus modestes, les deux Bretonnes se tenaient aux côtés de la Pucelle, sans sortir de son rayonnement. Leur enthousiasme ne les portait pas à jouer un rôle; c'étaient des humbles, et leur nature même se fût offensée rien qu'à paraître sous quelque semblant d'indépendance. Perrinaïc n'avait en vue que la cause de Jeanne. Si elle lisait la joie sur le franc visage de la Pucelle, elle s'essayait à lui sourire, mais discrètement, en hâte, comme si le bonheur lui fût interdit et l'eût rendue tremblante. Et si elle descendait dans la mêlée, derrière l'étendard de Jeanne, c'était en toute simplicité, comme elle entrait autrefois dans la moisson; le carnage consommé, les héroïnes pleuraient ensemble sur les morts: elles avaient un égal fond de compassion dans l'âme. Parfois elles se surprenaient au même instant à soupirer involontairement, sans se dire pourquoi, comme ces passants prédestinés que la légende conduit larmoyants sur une tombe où dorment des fiancés morts prématurément.

Il y avait sur Jeanne Darc et sur Perrinaïc une sorte de commun destin. Les ténèbres de leur origine cachaient peut-être une parenté de races; cette Lorraine et cette Bretonne montrèrent plus d'une analogie d'instincts et d'aptitudes. Elles éprouvaient un même goût de la nature, développé dans les solitudes natales, et elles en discernaient également le mystérieux langage, parce qu'elles étaient simples et pures. Mais ces voix d'en haut, dont la Pucelle était réconfortée, avaient pour la Bretonne une mélancolie particulière ; elles apportaient les souvenirs du pays : nul écho de Bretagne dans le lointain n'arrive dépouillé de nostalgie.

C'est vers l'automne que la « Pierronne » connut ses seules défaillances. Le jour gris, couvrant la campagne dénudée, était comblé de tristesse ; quelquefois un rapide coucher de soleil évoquait sur l'horizon le mirage des collines armoricaines ; à cette heure, le doux *angelus* des cloches, contrastant avec les agitations de la guerre, produisait au cœur un serrement d'angoisse ; et ni l'*angelus* ni le glas des cloches ne donnaient, d'ailleurs, par ces plaines mornes les sonorités dont les chemins creux, là-bas, étaient remplis : que de fois Perrinaïc dut-elle, sous l'abri du campement, songer à son toit de chaume bruni qui avoisinait la chapelle du petit bois !

Une inquiétude lui était venue aussi des propres paroles de Jeanne. Après le sacre, la Pucelle avait demandé, croyant sa besogne accomplie, de retourner à Domremy ; il parut même que l'échec devant Paris (8 septembre 1429) donnât raison à son désir. Mais de nouveaux succès effacèrent ensuite cette funeste impression ; et Jeanne continuant, du reste, son exemple et sa présence à l'armée, tant que durerait l'occupation anglaise, le sens de sa mission n'offrit plus de doutes : Perrinaïc y trouva l'absolue satisfaction dont avait besoin sa nature de croyante. Dès lors, toutes les puissances de son âme furent soumises à la Pucelle. Toutes ses pensées, elle en voyait si bien dans Jeanne l'expression sincère et spontanée! Ce qu'elle soupirait et ce qui s'agitait en sa conscience, Jeanne l'exposait ingénuement ; la conduite de Jeanne servait de réponse naturelle aux plus vagues appréhensions de Perrinaïc. Les rêves d'un cœur solitaire et heureux de se vouer n'obtinrent jamais une interprétation plus attendue et moins détournée. Toutes ces séductions avaient pénétré la timide Bretonne jusqu'à l'amour du suprême sacrifice.

Il est probable que Perrine et sa suivante s'éloignaient rarement de Jeanne. Elles étaient mieux faites pour les confidences que pour l'action ; l'ombre convenait à leurs discrètes personnes. L'histoire ne les montre guère, comme Catherine de La Rochelle, tenant une place bien distincte ; elle ne leur prête aucune initiative personnelle ; si quelque mission leur fut confiée, isolément, ce ne fut que sous les ordres et sur l'impulsion de la Pucelle. Cependant les détails se précisent sur elles, à mesure qu'elles approchent de leur fin [1]. Le jour de

---

[1] Voir le *Journal d'un bourgeois de Paris ;* Vallet de Viriville, Quicherat, *Procès de condamnation de Jeanne Darc ;* etc.

Noël, elles sont à Jargeau, en compagnie de Jeanne;
elles entendent la messe du cordelier, qui donne la
communion à la Pucelle trois fois et «à Piéronne
deux foys celui jour,... dont il estoit moult à reprendre». Est-ce que l'ardent moine, distribuant à
ses pénitentes ce surcroît de viatique, prévoit déjà
les prochaines épreuves? Il sera fait un crime de
cette provision de courage aux patriotiques vision-
naires...

Après la sortie de Sully, les Bretonnes eurent à
quitter la Pucelle. Elles furent surprises à Corbeil
par les Anglo-Bourguignons et amenées à Paris.
On les traduisit en cour d'église, et elles attendirent
six mois leur jugement.

*   *   *

Alors, Jeanne aussi était prisonnière des Bour-
guignons, qui la livrèrent ensuite aux Anglais. On
espérait, en traînant les choses en longueur, tirer
de Perrinaïc quelque aveu à la charge de la Pucelle.
De sa compagne on n'avait rien à obtenir : la pauvre
paysanne ne parlait que l'idiome natal; elle n'ou-
vrait plus la bouche que pour chanter dans la prison
avec la petite Perrine des *gwerz* de Bretagne.

De son côté, Catherine de La Rochelle vint à
Paris pendant le procès qui était instruit à Rouen,
pour déposer devant l'officialité de la cathédrale;
elle déclara que Jeanne, si on ne faisait bonne garde,

sortirait de prison, fût-ce par le secours du diable. A la suite de ce témoignage, elle retourna vers l'armée des Armagnacs; on l'y retrouve, gardant ses libres allures, sinon son influence, jusqu'en juillet 1431. Quelques écrivains l'ont mise au nombre des fausses Pucelles qui surgirent après la mort de Jeanne Darc.

Les réponses de Pierronne ne varièrent pas une seule fois : « elle disoit que dame Jehanne, qui se armoit avec les Arminalx, estoit bonne, et ce qu'elle faisoit estoit bien fait et selon Dieu. » Mais la perte de Jeanne était jurée; l'obstination de la Bretonne à la défendre provoquait la colère des Anglais. On imputa tout à Perrinaïc, le sacrilège de sa double communion à Noël, ses visions particulières : car elle affirmait que « Dieu s'apparoit souvent à elle en humanité, et parloit à elle comme amy fait à autre, et que la darraine (dernière) foys qu'elle l'avoit veu, il estoit long vestu de robe blanche et avoit une hucque vermeille par dessoubz..., qui est aussi comme blaspheme... » Cette *hucque* ressemble au *chupen* encore porté par les Cornouaillais : n'est-il pas curieux de contrôler, après quatre siècles et demi, par les costumes traditionnels de Bretagne le dire de l'héroïque accusée, et de constater de la sorte en ces rêveries la part de la réalité? On accusa formellement les inspirées de préférer leurs « voix » secrètes à l'enseignement de l'Église.

On aurait encore voulu savoir de Perrine ce qu'elle pensait des prophéties qui avaient cours sur la Pucelle. Il ne nous est rien resté de son témoignage à cet égard; il est probable qu'elle ignorait jusqu'au nom du devin Merlin, qui a servi à répondre depuis à tant de questions: ces commentaires de chercheurs ou d'érudits n'ont rien à voir avec la sincérité populaire. Jeanne était uniquement l'envoyée de Dieu, aux yeux de Perrinaïc. Celle-ci paya de la vie sa fidélité. Le 3 septembre 1430, elle entendit la suprême prédication publique; sous les exhortations du prêtre, ayant confirmé ses précédentes déclarations aux juges, elle fut, comme Jeanne Darc quelques mois ensuite, condamnée au bûcher:

« Le IIIe jour de septembre, à ung dimanche, furent preschées au parvis Nostre-Dame deux femmes qui environ demy an devant avoient été prinses à Corbeil et admenées à Paris, dont la plus aisnée Piéronne et estoit de Bretaigne bretonnant...

« Cedit jour elle fut jugée a estre arse, et le fut... Et l'autre [1] fut délivrée pour celle heure. »

---

[1] Comment M. de La Villemarque a-t-il été amené à écrire (v. *Myrdhinn ou l'enchanteur Merlin*) que les Anglais brûlèrent la compagne de « Périnaïk », et non Perrinaïc elle-même ? Tous les témoignages s'accordent pourtant sur l'exécution de la « Pieronne » à Paris, neuf mois avant celle de Jeanne à Rouen. Il serait difficile d'admettre, d'ailleurs, que l'histoire, où Perrinaïc est la seule en relief de ces deux Bretonnes, eût gardé le nom d'une comparse, pour ainsi dire, et oublié celui de l'héroïne. L'erreur est donc évidente dans le livre de M. de La Villemarqué.

La compagne de Perrinaïc fut considérée comme une innocente : sans doute, ayant assisté au supplice, était-elle folle de douleur. Relâchée par les Anglais, elle fut chassée de Paris ; ensuite, elle erra par les chemins et périt à l'aventure.

* * *

Une main pieuse ne recueillit pas les cendres de Perrinaïc ; elles furent dispersées, comme des restes d'hérétique, et jetées au vent. A peine si l'attention publique, un instant, se fixa sur l'humble Bretonne ; le procès de Rouen avait une autre importance ; la mort de Pierronne n'était qu'un avertissement à Jeanne Darc. Quand la grande victime poursuivie eut à subir l'expiation, celle qui l'avait précédée de neuf mois sur l'échafaud, était retombée dans l'oubli, comme à jamais punie d'avoir eu peut-être, en son abnégation, une passagère pensée d'orgueil : bien pardonnable pourtant, cette vanité, si elle fut, de souffrir la première ! Et si Perrinaïc, du reste, consentit à la mort, n'était-ce pas pour se dévouer à la Libératrice ? Comme ces mélancoliques figures de malades que la vie parfois s'abuse à colorer fugitivement, l'image de Pierronne ne sortit de la pénombre que pour mieux se confondre, sous les mêmes flammes du bûcher, avec la glorieuse personnalité de la Pucelle. La constante Bretonne ne fut sublime qu'une heure : justice lui soit rendue pour cette heure terrible !

Tout le monde en France a réhabilité Jeanne Darc. Les évêques de Bretagne, dans les neuf diocèses anciens, auraient-ils dû recommander au prône de la grand'messe, en septembre, le nom de Perrinaïc? Ces prières de la paroisse furent sans doute dans les vœux de la suppliciée. Mais la haine anglaise avait obscurci les faits : les deux martyres passèrent pour avoir péri hors de l'Église. Si les âmes d'élection n'ont que faire de notre pitié, rassurons-nous : car celles des saintes filles montèrent droit au ciel.

Les Bretons de Paris sont sollicités de se rendre en pèlerinage jusqu'au monument élevé dans la rue des Pyramides : ils iront, quelque jour, inscrire « la Pierronne » sur un bas-relief de la statue de Jeanne Darc. Du moins, lorsqu'ils traverseront le parvis Notre-Dame, ils sentiront peut-être qu'une ombre connue et maintenant apaisée hante les hauteurs. — Pour le peuple, il n'éprouve pas toujours le besoin des fastueuses commémorations ; il a ses évocations à lui-même...

... Dans la forêt de Koat-ann-Noz, en Basse-Bretagne, on remarquait jadis, dit-on, près des cabanes de charbonniers, une image de femme encadrée dans une niche, comme une madone ; on s'étonnait que le piédestal fût une manière de bûcher, et l'on demandait au bûcheron pourquoi sa Vierge-Marie avait ce décor ; on rapporte qu'il ne manquait pas de répondre : « Ce n'est pas la Vierge, mais une fille dont nous ne savons plus le nom ici ; c'est la fille qui fut brûlée par les Anglais. » N'était-ce pas là cette Pierronne, dont le nom ne surnage plus, après des siècles, sur ces lointains bords embrumés du couchant? On aimerait le croire.

Gardez l'image de cette vierge-au-bûcher, bons charbonniers de Koat-ann-Noz. Votre cœur aura servi de seule tombe à notre héroïne. Vos ancêtres, allant à la ville, passaient contents devant sa porte; ils l'appelaient la petite Perrine. Vous avez ainsi conservé mieux qu'un souvenir de son hospitalité. Au premier dimanche de septembre, ornez de quelques fleurs de bruyère les statues de vos huttes, comme à un *pardon*, en mémoire de cette jeune Perrinaïc qui partageait son pain avec vos pères pauvres et qui donna sa vie pour le pays de France!...

Sous son auréole, dans son lointain, Perrinaïc apparaît comme un personnage de légende
populaire. Sa mort, à la fois si tragique et si
touchante, prête à de beaux développements
poétiques. Si quelque écho de son martyre
parvint en Bretagne, certes, les bardes et les
chanteurs de son temps l'auront célébrée. Mais
la poésie orale, généralement, ne survit pas
quatre ou cinq cents ans, et le peuple ne nous
a rien transmis sur Perrine la Bretonne.

Je devais, au souvenir même de Perrinaïc,
composer cette *cantilène* dans le dialecte natal : que les lecteurs français me pardonnent
une traduction fatalement infidèle !

GWERZ

I

De-mad hirie d'ac'h er ger-man.
Diou blac'hig iaouank a glaskan,

Diou vinorez et 'mez ar vro
Breman eur bla bennag a zo,

Unan hanvet Perinaïk . . .
— Baleer-hent, 'vit bremaïk

Az po kelo gand ar Saozon,
Kelo da vantra da galon.

— Lared d'in perag ar c'hleier
'Vid d'ar sul tins ar c'hlaz e ker.

— Kloc'h ar basion zo tinset
D'eur plac'hik d'ar maro barnet;

Ke war dachen ann iliz vraz,
M'eo d'id da welet kaon, siouaz ! .

CANTILÈNE

I

« Bonjour à vous aujourd'hui dans cette ville. — Je
cherche deux filles toutes jeunes,

Deux orphelines qui ont quitté leur pays, — il y a
maintenant une année environ ;

L'une appelée Perrinaïc... — Coureur-de-chemins,
dans un instant

Tu en auras des nouvelles par lès Anglais (Saxons),
— des nouvelles à désoler ton cœur.

— Dites-moi pourquoi les cloches, — bien que ce soit
le dimanche, tintent le glas dans la ville.

— C'est la cloche de l'agonie que l'on sonne — pour
une jeune fille condamnée à mort ;

Va sur la place de la grande église (*le parvis Notre-
Dame*), — si tu tiens à voir un deuil, hélas ! »

II

Daou chafot zo gwintet aze,
Keuneud a zo berniet etre;

War eur chafot 'man ar barner,
Egile 'vid ar prezeger.

Ha tro-a-zro dre ann dachen
Nemet zoudarded a vanden;

Hag eur groz veur gand ar Saozon
O doc'hal: — Pegoulz ar pardon? —

Digaset 'traou d'ar bern keuneud
Diou verc'h a zo ken mistr ha treut,

Mistr 'vel ann heiez er c'hoajo
Ha treut treuttoc'h 'vid eunn anko,

Aboe c'houec'h miz krenn kastiet,
Ken oa truez ouz ho sellet;

Unan en du, da vervel rez;
Heben en gwenn, kaon ar werc'hez.

Pa stokaz ouz ar bern huel,
Faziaz evel eur bugel.

Ar Saozon 'lare d'ar belek:
— Prezeg an 'ez-hi, c'hast prezeg.

— Abalamour d'ho pec'hejo,
Perinaïg, ed d'ar maro;

II

Deux estrades sont élevées là, — un bûcher est dressé
   au milieu ;

Sur une des estrades se trouve le juge, — l'autre est
   pour le prédicateur.

Et tout à l'entour, par la place, — il n'y a que des
   soldats par bandes ;

Et un grand tumulte règne parmi les Anglais, — qui
   grognent : « A quand donc la fête ? »

On amène au bas du bûcher — deux filles, qui sont si
   mignonnes, mais si émaciées !

Mignonnes comme la biche dans les bois, — mais si
   émaciées, aussi maigres qu'un spectre,

Si maltraitées (par les Anglais) depuis six mois révo-
   lus, — que c'est pitié de les regarder ;

L'une est vêtue de noir, étant à l'heure de mourir ; —
   l'autre vêtue de blanc, deuil de jeune fille.

Lorsqu'elle fut au pied du haut bûcher, — elle défaillit
   comme une enfant.

Les Anglais criaient au prêtre : — « Prêche-la, dé-
   pêche-toi de la prêcher.

— A cause de vos péchés, — Perrinaïc, vous allez à
   la mort ;

                    Gwerz.

Heuliet gan-ac'h eur zorserez . . .
— Me gav Janedig eur santez. —

Ar Saozon 'iouc'he 'vel bleizi.
— Gwenn ann erminik, em'ez-hi;

Dinam 'vel se ann erminik
On da Doue chomet koantik. —

Ker zo da nac'h gwaska 'n'ez-hi,
Perinaïk na lavar mui;

Na mui n'chilaou, pleget he fenn,
'Vel ma vije 'n eur sonjaden;

'N hi lagadig glaz ann daero,
Awalc'h he c'halon keun d'he bro :

Eur berr hunvre, berr huanad.
— Zammed, em'he, war ar bern koat. —

Hag o tistrei d'he mignonez :
— Lar evid-on eur ganen kez,

'Nn hini peb abarde kanenn,
Evit ma sikour da dremen. —

Ho diou mouezig a zo savet,
Ha Perinaïk zo klevet

En eur bignal gand he c'halvar
Kane dous klemgan a c'hlac'hlar.

Pour avoir suivi une sorcière . . . — Moi, je crois que
la petite Jeanne est une sainte. »

Les Anglais alors hurlèrent comme des loups.
— « Blanche est l'hermine, reprit-elle;

Sans souillure comme la robe de l'hermine, — je suis
restée la fiancée de Dieu seul. »

On a beau la tourmenter pour qu'elle se rétracte,
— Perrinaïc n'en dit pas davantage ;

Ni elle n'écoute pas non plus; la tête inclinée,
— comme si elle suivait une rêverie,

Elle a des larmes dans ses jolis yeux bleus, — et son
cœur est plein du regret de son pays :

Un rêve bien court, un court soupir! — « Emportez-la,
criait-on, au bûcher. »

Et elle se retourna vers sa compagne : — « Entonne
pour moi une chanson aimée,

Celle que je chantais (dans notre prison), chaque soir,
— pour m'aider à mourir. »

Leurs deux pauvres voix s'élevèrent alors, — et l'on
entendit Perrinaïc,

Gravissant son calvaire, — murmurer ce chant d'af-
fliction.

Gwerz.

III

Pell ouz ar vro a garer eo garo da verwel!
Allaz! ken pell da guz-heol ha du-hont Breiz-Izel
    Ma bro kez Breiz-Izel.

Ar valanek zo ledan 'vel ann oabl da greiz-te,
Lec'h a glemm 'vel anaon ann awel d'abarde
    Ann awel abarde.

Dindan eunn troad radenen eur gudon oa neiziet,
Kouldri steuet gant kevnid mesk ar gliz alaouret
    Ar glizenn alaouret.

Er c'hoajo dôn 'zo pelloc'h ann noz a zo du-dall,
Al loened gwe zo hep span hed ann noz o vlejal
    Hed ann noz o vlejal.!

Hag ive tro-pad ann de deuz al liorz d'ar c'hoat
Eman kludet en deillo 'nn evned o vegelat
    Evned o vegelat;

Evuruz 'vel ann ele diskanont 'peb amzer,
Stravillet ann env gant-he 'vel ra bili 'n dour skler,
    Bili kouet en dour skler.

Pa save banac'h awel bemnoz diwar ma dor,
Sellenn ar goabr o ruza 'vel listri war ar mor
    Al listri war ar mor.

III

Loin du pays qu'on aime il est cruel de mourir ! —
Hélas ! aussi loin que le couchant est la Basse-
Bretagne, là-bas, — mon pauvre pays de Basse
Bretagne !

Notre lande est aussi vaste que le firmament à midi ;
— là pleure comme les trépassés le vent, sur le
soir, — le vent du soir.

Sous un pied de fougère un ramier avait fait son nid,
— pigeonnier où les araignées tressaient leurs
toiles au milieu de la rosée brillante comme l'or
— la rosée brillante comme l'or.

Dans les bois, qui sont plus loin, la nuit est toute
noire ; — les bêtes sauvages y sont sans nulle
cesse durant la nuit à crier — durant la nuit à
crier.

Et de même, tout le tournant du jour, depuis notre
enclos jusqu'à la forêt, — sont perchés entre les
feuilles des oiseaux qui gazouillent — des oiseaux
qui gazouillent ;

Heureux comme les anges ils répètent leurs chants,
en toute saison, — troublant le calme du ciel,
comme fait le caillou dans l'eau claire, — un caillou tombé dans l'eau claire.

Quand se levait la brise de chaque soir, sur ma porte,
— je regardais les nuages glisser dans le ciel
comme des vaisseaux sur la mer — les vaisseaux
sur la mer.

Gwerz.

Ebarz iliz ma farouz eo ker ann oviso,
Hag ar c'hleier 'zo skiltruz ... Kleier kez, kenavo!
Kleier santel ma bro!

E pevar gorn ar vered a zo savet elen,
Ar groaz zo kuzet e-kreiz ouz skouro 'nn ivinen
Skour glaz ann ivinen.

Diwar tachen ar vered gred sklentin ho c'hoari
Hep aoun ebed, bugale, ma hunik da deri,
Gred sklentin ho c'hoari;

Ha baniel vraz ar pardon pa rai he zro peb be,
Merc'hed ker, na gavfed ket en ho zouez ma be-me,
Na gavfed ket ma be.

Hag eo gwir zo red d'in-me leuskel ma iaouankiz
Hep den da oela gan-in, na m' dougen d'ann iliz?
Siouaz d'am iaouankiz!

Me 'garfe c'hoaz eur wechik gwelet ouz kleut ar porz
Ti ma mamm o vogedi hag azei 'n he liorz,
Ti ma mamm! al liorz!

Otro Doue, gwall garo, re garo da verwel
Pell ouz ar vro zo karet, kenn pell a Vreiz Izel,
Ma bro kez Breiz-Izel!...

Dans l'église de ma paroisse sont beaux les offices, —
et les cloches sont éclatantes . . . Chères cloches,
adieu! — cloches saintes de mon pays!

Aux quatre coins du cimetière a poussé un tremble ;
— au milieu, la croix se cache sous les branches
d'un if — les branches vertes de l'if.

Sur la place du cimetière continuez vos jeux bruyants,
— sans craindre, enfants, d'interrompre mon der-
nier sommeil, — continuez vos jeux bruyants.

Quand la grande bannière, au *pardon*, fera le tour de
chaque tombe, — jeunes filles parées, vous ne
trouverez pas au milieu des autres ma tombe à
moi, — vous ne trouverez pas ma tombe.

Il est donc vrai qu'il me faut renoncer à ma jeunesse
— sans que personne pleure sur moi, sans qu'on
porte mon corps à l'église, — hélas! ô ma jeunesse!

Je voudrais encore une fois, à l'échalier de la cour,
regarder — le toit de ma mère fumer et m'asseoir
en son enclos . . . — La maison de ma mère et
son enclos!

Seigneur Dieu, c'est bien cruel, c'est trop cruel de
mourir — loin du pays qu'on a aimé, si loin de la
Basse-Bretagne, — mon pauvre pays de Basse-
Bretagne! . . .

IV

Ar gourgammo-tan a strinke,
Eur vouez en nec'h c'hoaz p'a gane,

Kreiz ar bern-suill stignet huel
A gane gwerzik Breiz-Izel.

Eberr Perinik pa vougaz,
He mignonez a daoulinaz,

Ha paouezet mik da gana
A stagaz a-grenn da oela.

Kerkent eur burzud zo gwelet,
Ken ar Saozon oe souezet :

Rak zo staget eunn awel tom
Da c'houeza war ho fenno plom ;

Ha savet ann oll gant spouron
O welet ru-tan ar Saozon,

Ru ho zremmo hag ho zillad,
Hag ar barnerien ru 'vel gwad,

Ru prezeger hag arserien,
Ha ru tro-war-dro ann aachen,

Hag ann iliz gand ar c'hleier :
— Ann tan-gwall, em'he, zo war ger ! —

Ha gand eur c'hef ann diaoulo
'Lake tan e bolz ann envo ;

IV

Les flammes déjà pétillaient, — et une voix là-haut
chantait encore,

Au milieu du bûcher dressé si haut — elle chantait la
cantilène de Basse-Bretagne.

Bientôt, quand la petite Perrine périt étouffée, — sa
compagne tomba à deux genoux,

Et cessant elle-même de chanter, — elle se prit à
pleurer soudain.

Aussitôt on assista à un prodige tel, — que les Anglais
en furent surpris :

Car un vent brûlant se mit — à souffler au-dessus de
leurs têtes ;

Et tout le monde de se lever avec épouvante — en
voyant les Anglais rouges-de-feu,

Rouges leurs visages et leurs vêtements, — et les
juges rouges aussi comme du sang ;

Rouge le prédicateur et les soldats, — et le parvis
rouge tout autour ;

Et l'église aussi, avec ses cloches : — « L'incendie,
s'écria-t-on, est sur la ville ! »

Et avec des tisons on vit les démons — qui mettaient
le feu dans la voûte du ciel ;

Gwerz.

Ha peb-hini krede zoken
A dewe beteg he voelen,

Ken ar veleien 'hirvoude :
— Honnez oa paourez da Doue ! —

Neuze zo gwelet eunn evnik,
Me chans ine Perinaïk,

O tarnijal euz ann tantad
Ouz ar vignonez da gimiad ;

Endro d'ar plac'hig eunn erven
Ru-glaou 're-all, eunn erven gwenn ;

Hadre ma save d'ann oabl splann
Diwar he nij ann evnig glan,

Tore d'ann tan diwar he lerc'h,
Hent ar stered ken gwenn hag erc'h ;

Ha kun war-gad ar baradoz
Kane 'vel estik 'n Koat-ann-Noz . . .

Chetu c'hoaz ar dle zo losket
Gand ar Saozon d'ar Vretoned :

Karo Saozon neb a garo,
Biken Breizad n'ho fardono !

Et chaque assistant croyait même — qu'il brûlait jusqu'en ses entrailles,

Au point que les prêtres gémissaient: — « Cette fille-là
était donc une pauvresse de Dieu! »

Alors on aperçut un petit oiseau, — sans doute l'âme
de Perrinaïc,

Qui s'envolait du bûcher, — venant faire les adieux à
son amie;

Autour de la jeune fille parut un sillon, — tout le
monde étant aussi rouge que la braise, un blanc
sillon de lumière;

Et à mesure qu'il montait vers le grand beau ciel, —
s'envolant, le petit oiseau sans tache,

S'éteignait le feu, derrière lui, — et le chemin des
étoiles était blanc comme neige;

Et montant vers le paradis, doucement — il chantait
comme le rossignol dans Koat-ann-Noz...

Et voilà encore une des dettes qu'ont laissées — les
Anglais chez les Bretons.

Sera l'ami des Anglais qui voudra, — quiconque est
Breton ne leur pardonnera jamais!

V

Hir ann kent, ann de deu da verr;
Bepred kerz ar plac'hik skouiz ker.

— Karrer, lar d'in, en han Doue !
Hag en 'man pell c'hoaz ma bro-me. —

Den na dol lagad war hi zro,
Pa n'intent den iez koz he bro.

War guz-heol bepred ar verc'hik
A gerz he boto 'n he dornik ;

Dorojo sarret dirag-hi :
— M'unanig on, lar ouz peb ti ;

Eur vignonez m'oa, 'deuz dewet,
Hag emez gant-he on tolet. —

Ha 'dare war ann hent didrouz;
Na glev nemet mouez eul lapous,

'Med eul lapous o filipat
'Vel en em galwel reont er c'hoat;

Ha diarog a nij ken skanv
'N eur geiza flour enep d'ar goanv,

'Vel tiski 'nn hent d'ar baourezik,
Ma sonj d'ine Perinaïk.

— Perag en noz-man tremenet,
Sakrist, ar c'hloc'h-kaon zo klevet ?

V

La route est longue, le jour va diminuant ; — toujours
    marche la pauvre fille, très fatiguée :

« Charretier, dis-moi, au nom de Dieu ! — si mon pays
    est encore loin. »

Nul ne jette un regard sur elle, — car personne ne
    comprend le vieil idiome de son pays.

Vers le couchant toujours la pauvre fille — marche,
    ses sabots dans les mains.

Les portes restent fermées devant elle : — « Je suis
    toute seule, dit-elle devant chaque maison ;

J'avais une compagne ; ils l'ont brûlée, — et ils m'ont
    ensuite jetée hors de la ville. »

Et de reprendre la route silencieuse ; — elle n'entend
    que la voix d'un oiseau,

Qu'un oiseau piaulant, — ainsi qu'ils font pour s'ap-
    peler dans un bois ;

Et au-devant d'elle il voltige, si léger, — avec un doux
    gazouillement, malgré l'hiver,

Comme pour montrer le chemin à la pauvresse : — et
    elle pense alors à l'âme de Perrinaïc.

« Pourquoi, cette nuit passée, — sacristain, la cloche
    d'enterrement a-t-elle été entendue ?

— 'Vid eur baourez eo deuz ar vro
Dindan ar porched kât maro,

He-unan skoe 'nn anaon,
Ken eo laket war ar vas-kaon;

Diou oant o vont, bla zo uspen :
Doue oar petra deut heben.

Eunn dra burzuduz c'hoarveaz,
P'oe douaret kichen ar groaz :

Eur c'horf du-kaon a zo gwelet,
War ar bez eur plac'h astennet,

Ken obido 'zo gret neuze
D'heben me chans maro ive.

Aboe klever en ivinen
Enep d'ar goanv daou evnig gwenn

En ho giz o kana seder
Gwerz Breiz-Izel, lar ar c'hleuier. —

Evnigo Breiz klever bemnoz
'Tre ar mor glaz ha Koat-ann-Noz.

———————

Ma c'henvroïz, ar c'helo-man
D'ac'h euz a Bariz a gasan.

— C'était pour une mendiante du pays, — qu'on a
trouvée morte sous le porche de l'église;

Le deuil a sonné tout seul, — jusqu'à ce que la défunte
ait été mise sur les tréteaux;

Elles étaient deux à partir, il y a un an et davantage :
— Dieu sait ce qu'est devenue l'autre.

Une chose prodigieuse est arrivée, — lorsque la tré-
passée a été inhumée près de la croix :

Un corps vêtu de deuil a été aperçu, — sur cette
tombe, une femme étendue;

Et c'est pourquoi l'on a dit alors les offices funèbres —
pour l'autre, qui est morte aussi sans doute.

Depuis l'on entend dans l'if, — en dépit de l'hiver,
deux petits oiseaux blancs,

Qui chantent joyeux, dans leur langage, — le fossoyeur
dit qu'ils chantent la complainte de Basse-Bretagne.

On entend depuis les deux petits oiseaux de Bretagne, tous les soirs, — entre la mer bleue et la
forêt de Koat-ann-Noz.

———————

Mes compatriotes, cette nouvelle — apprise à Paris,
c'est à vous que je l'envoie.

TABLE DES MATIÈRES

Strasbourg, typ. G. Fischbach. — 2186.

107